Inhalt

Einführung in das Heft

„Advent – warten, hoffen, beten", so nennen wir diese Ausgabe. Der Advent ist vielgestaltig. Er spricht vom Warten auf Weihnachten zu. Besonders die Kinder warten auf die Geschenke und die Großen darauf, ihnen endlich die Freude zu machen. Viele Menschen warten und hoffen auf Veränderungen, auf Frieden, auf Versöhnung in den Familien. Und die Luft ist voll von Liedern, von gesungenen Gebeten, wenn die erste Kerze brennt. Der Advent klingt und duftet, lebt von Erinnerungen, vom Geschäft und von Stimmungen, lebt von den Kinderaugen und vielen Wünschen, von Hetze und Rennen, Suchen und Wählen, von Sehnsucht nach der Familie und Kerzenschein.

Vielleicht können wir durch diese Vielgestaltigkeit doch auch zum Kern des Advents kommen und diese Zeit neu entdecken, sodass wir wartend und hoffend das Fest der Geburt Jesu vorbereiten.

» Herausforderung im Advent

Gerade die Coronazeit setzt uns starke Grenzen und verändert die Gestaltung dieser Zeit. Wird es noch große Weihnachtsmärkte geben? In den Kaufhäusern gelten Abstandsregeln, die Advents- und Weihnachtsfeiern der Betriebe sind nicht leicht zu organisieren. Werden sie kleiner oder ganz ausfallen? Wie können im Kindergarten und in der Schule die Weihnachtsfeiern und Krippenspiele stattfinden? Plötzlich sind die erwarteten Erfahrungen, „es war doch immer so", nicht mehr möglich. Es sind ernste Überlegungen, weil es eben nicht nur um eine beliebige Tradition geht, sondern um eine prägende Erfahrung, die in der Sehnsucht deutlich wird, dass doch am Weihnachtstag die Waffen schweigen sollen. Die Adventszeit hat auch einen herausfordernden Klang. Sie hat sich nicht grundlos so vielfältig ausdifferenziert.

Was ist uns also wichtig? Was können wir tun? Können wir den sicherlich auch vermarkteten adventlichen Zeichen – dem darunter versteckten Brauchtum – noch eine Aussagekraft entlocken, mit diesen Zeichen eine Botschaft von Weihnachten vorbereiten? Wird es uns gelingen, diese Zeit intensiver und mit Freude zu gestalten, sodass sie ein Weg zum Weihnachtsfest wird?

Es ist in dieser Zeit der Einschränkungen nicht möglich, den *„ganzheitlichen religionspädagogischen Weg"* mit allen leibhaften und sinnenhaften Übungen zu vollziehen, so kostbar und zielführend sie gerade zum Fest der „Menschwerdung" Gottes sind. Denn Menschsein heißt leibhaft leben. Hier gibt es Einschränkungen.

Uns scheint es wesentlich zu sein, dass der „bildhafte Weg“ bleibt, indem die Sinne angesprochen werden. Wir können mit einfachen Dingen, zum Teil auch schon vorbereitet, im Kreis miteinander etwas anschauen, hören und gestalten.

Es braucht vermehrt Disziplin, um den Abstand zu halten. Wir müssen bewusst nacheinander etwas tun. Dadurch werden Warten, Schauen und Hören geschult und als Haltungen eingeübt, Haltungen, die gerade im Advent einen wichtigen Platz haben.

Besonders wichtig erscheint es uns, Haltungen zu prägen und durch eutonische Übungen zu vertiefen, um den eigenen Leib mit allen seinen Sinnen und Kräften wahrzunehmen.

» Haltungen einüben – auch jetzt möglich

Ich bin da mit meinen Augen, Ohren, Händen, Füßen, mit meinem Atem und mit meinem Herzen. Dieses Ich-Bewusstsein, das durch die Medien und virtuelle Informationen oft verlorengeht, kann neu gestärkt werden, es kann das eigene Leben in Achtsamkeit und in neuer Wahrnehmung öffnen für die Welt und die Menschen.

Christel Holl hat kraftvolle Bilder zu adventlichen Zeichen und Erzählungen gemalt. Diese regen an, in den einzelnen Einheiten Wesentliches ins Bild und ins Wort zu bringen, das eigene Leben zu öffnen und es im Gebet vor Gott hinzutragen.

In den Kindergärten und Schulen ist der Morgenkreis oder das Morgengebet wichtig, dazu könnten unsere Einheiten einen Beitrag leisten.

Die Familie könnte ein Ort sein, wo das adventliche Gebet zusammenführt und Kinder und Eltern für die frohe Botschaft öffnet.

Ebenso kann in einer Frauengemeinschaft, bei Senioren oder einer anderen Gruppe die Anschauung der Kerze, das Stroh im Stall oder das Psalmwort *„Friede wohne in deinen Mauern“* in unserer einfachen, wesentlichen Gestaltungsform eine besinnliche Stunde eröffnen.

Die Bildbetrachtung für Erwachsene *„Macht hoch die Tür“* kann ein Einstieg für eine Gruppe sein, sei es für den Pfarrgemeinderat, sei es für eine Fachkonferenz in adventlicher Zeit. Sie kann auch für eine adventliche Andacht hilfreich sein.

Die Nikolausgeschichte *„Bischof Nikolaus öffnet das Tor für die Gefangenen“* ist nicht so bekannt. Sie passt aber auch so sehr in unsere Zeit. Sind nicht auch wir irgendwie gefangen und gefesselt und brauchen einen Helfer?

Im *Familiengottesdienst* wird das Wort *„Seid wachsam und wachet auf!“* neu gehört, denn die Wachsamkeit, Achtsamkeit ist jetzt besonders gefordert. Wir dürfen die Ankunft Jesu nicht verpassen. Jahr für Jahr wird uns diese Zeit geschenkt, dass wir uns neu auf Jesus ausrichten, denn er ist der Heiland, der Retter, der uns aus Not, Angst und Unfrieden befreien kann. Wenn wir ihn einlassen und aufnehmen, wird er unser Friede sein.

Die *Weihnachtsfeier* am Heiligen Abend gibt Anregungen sowohl für den Kindergarten, als auch für die Familien. Die großen gemeinsamen Krippenfeiern werden wahrscheinlich nicht stattfinden können. Das alles ist unsicher, wenn wir dieses Heft schreiben. Und doch soll die weltbewegende Botschaft des Weihnachtsevangeliums verkündet werden, nicht nur im Wort, sondern auch sichtbar durch den Aufbau der Krippenlandschaft, die auch zu Hause möglich ist.

Wir wünschen allen, die mit diesem Heft arbeiten, Freude am adventlichen Weg, Kreativität und Mut, mit den Kindern leibhaft, ganzheitlich trotz aller Einschränkungen zu arbeiten, damit die frohe Botschaft verkündet wird und in die Herzen klingen kann: *Jesus wird geboren, der Heiland und der Retter.*

Sr. Esther Kaufmann und P. Meinulf Blechschmidt

Ein Weg durch den Advent

Adventliche Zeichen in Bildern schauen
Besinnungszeit für Erwachsene

Meinulf Blechschmidt

1. Wir versammeln uns – Ich bin da

Wir sind heute zusammen und wenden uns der Mitte zu.
Wo ist die Mitte? Wir sitzen im Kreis, um die Mitte zwischen uns zu finden und die Mitte in uns selbst.

- Der Reifen kann uns helfen. In die Mitte legen wir einen Reifen.

Die Mitte ist noch unbestimmt, noch offen.
Der Reifen liegt dort, er ist rund – ohne Anfang und ohne Ende.
Wir kommen langsam an – von unseren Wegen, von zu Hause.

Wir sitzen rund im Kreis *(im Abstand)*,
schauen jede Person im Kreis an. Kennen wir die Namen?
Wir begrüßen uns durch ein Zunicken.

- Ein Gong wird in der Mitte angeschlagen.

Wir hören den Ton, lauschen ihm nach, warten, bis er verklungen ist.

- Der Gong wird nochmals angeschlagen.

- Wir schließen die Augen und warten, bis der Ton verklungen ist.

Ich bin jetzt da: mit meinen Füßen – meinen Händen – der Atem geht und kommt. Ich kann ankommen, in diesem Raum, in dieser Runde. Ich kann zur Ruhe kommen. – *Augen wieder öffnen.*

2. Wir gehen miteinander einen Weg

Miteinander wollen wir einen Weg gehen, in dieser Zeit natürlich einen adventlichen Weg.

- Gazétücher liegen bereit: zwei dunkelbraune, ein ocker, zwei gelbe, ein dunkelblaues und ein dunkelbraunes.
- Wir legen mit diesen Tüchern – nacheinander, jeweils zwei Personen – ein Stück Weg in einer Spirale zur Mitte.

3. Wir sehen Bilder

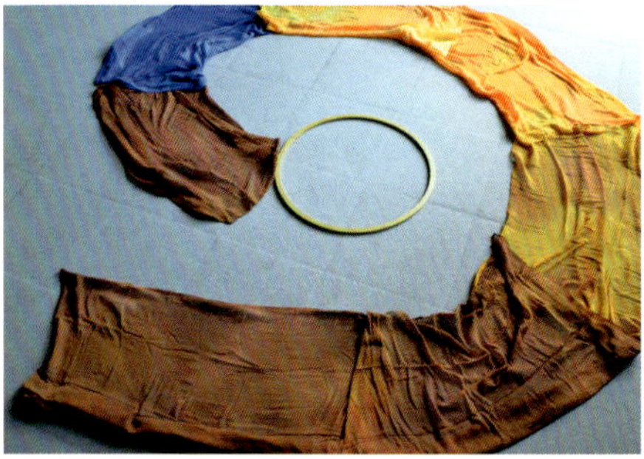

- Bilder der Mappe 2020-4 werden daraufgelegt:

  Kerze – helles Haus – offenes Tor umgeben von verschlossenen Toren – ein Weg durch die Wüste – ein Laib Brot – eine dunkle Stadt und aufgehendes Licht – ein Stern – ein offener Stall mit Stroh.

Einfache Bilder und Zeichen. Wir schauen sie an. Wir stehen auf, um von oben einen Blick darauf zu werfen, gehen einmal um alle Bilder herum.

Ein Bild kann uns mehr ansprechen als ein anderes. Welches Bild zieht mich an? Dorthin gehe ich.

Wir können uns zu einem Bild setzen.

Wir begegnen dem Bild und fragen:

- Was sehe ich?
- Was spricht mich an?
- Wovon erzählt das Bild?
- Hat es etwas mit meinem Leben zu tun?

Zunächst erzählen zwei Personen, die nebeneinander sitzen, von ihrem Bild. Sie tauschen sich aus. Sie erläutern sich gegenseitig ihre Bilder.

4. Gestaltung des eigenen Bildes

- Jede gestaltet ein eigenes Bild. Dafür wird eine Kopie den Personen gegeben, die dasselbe Bild gewählt haben.

5. Wir gehen miteinander im Hören und Schauen

Wir berichten in der großen Runde von unseren Gesprächen, dem Austausch: Wie spricht das Bild in unser Leben? Was deckt es auf?

Jede erzählt in der Reihenfolge der abgelegten Bilder.

6. Bilder erzählen vom Advent, von Warten und Hoffen

Wir können nun auch folgende Fragen hören und miteinander überlegen:

- Sprechen die Bilder in diese adventliche Zeit?
- Liegt darin eine Botschaft von Gott und vom Menschen?
- Was verbinden wir mit dem Advent, wenn wir das Bild sehen?

◗ Die Kerze wird entzündet und zum ersten Bild gestellt. Nach den geäußerten Gedanken, wird die Kerze zum nächsten Bild gestellt.

Die GL kann geäußerte Gedanken zum Bild zusammenfassen oder weiterführen. Schauen wir die Bilder im Licht dieser Zeit, der adventlichen Zeit, noch einmal an, z. B.:

- Die erste Kerze am Adventkranz erzählt vom Warten der Menschen auf den Erlöser und Heiland.
- Das helle Haus erzählt vom Frieden, von Geborgenheit, vielleicht auch von Maria, die die Mutter Jesu wird.
- Die dunklen Häuser erzählen von der Not und der Angst des Volkes Israel, aber auch von der Not und Dunkelheit unserer Zeit und Welt.
- Das offene Tor erinnert uns an das Lied: Macht hoch die Tür, die Tor macht weit. Es erinnert an das Tor zum Paradies, das wieder geöffnet wird, an unsere Sinnestore, die wir öffnen sollen für die Menschen und für Jesus.
- Der Weg durch die Wüste lässt uns den Ruf von Johannes dem Täufer hören: Bereitet dem Herrn den Weg! Gott will kommen.
- Das Brot sagt uns: Teil es mit den Armen! Sieh die Not der Welt! Geh achtsam um mit dem Brot! Vergiss nicht das Tischgebet und den Dank!
- Über der dunklen Stadt geht ein Licht auf. Da wird die Verheißung des Heiligen Abends sichtbar.
- Ein Stern leuchtet auf am dunklen Himmel. Wie weit ist er entfernt? Er zeigt den Weg, er macht die Finsternis hell: Jesus ist der Morgenstern, der uns leuchtet und nicht mehr untergeht.
- Das Stroh im Stall weckt viele Erwartungen. Es wartet auf das Jesuskind. Es wird draußen vor der Stadt geboren, ganz arm, im Stroh, das gedroschen ist und geknickt.

7. Gott schließt einen Bund mit uns in dieser Zeit

„Advent feiern" – das ist ein Weg, Weg der Erwartung und des Hoffens, ein Weg auf ein Ziel zu, das noch im Dunkeln liegt und doch schon sein Licht vorauswirft.

Wir gehen – bei uns – durch eine dunkle Zeit. Wie viele Nöte und Fragen werden genannt und rufen nach Licht und Nähe? Wir warten auf Jesus, der die Nacht hell macht, bereiten uns auf seine Geburt vor.

Darum entzünden wir immer wieder ein Licht.
Wir versammeln uns um dieses eine Licht, um seinen matten Schein und werden still. Friede kehrt ein. Wir sehnen uns nach Gemeinschaft, dass wir hören und einander verstehen.

Wir beginnen neu Wege aufeinander zuzugehen, um das Brot, um das Leben miteinander zu teilen.

Wir spüren die Dunkelheit und wagen Wege durch das Dunkel, weil ein Stern aufgeht und uns durch das Dunkel führt, Wege der Versöhnung, Wege zu den Kranken. Wir bereiten uns vor und sehen das Stroh. Es gehört zum Fest, es gehört zu Jesus, denn es spricht von unserer Armut, von dem, was in uns gebrochen und zerschlagen ist, wo wir denken, dass wir nichts mehr taugen – und sehen, dass Jesus genau diesen Ort erwählt, um unter uns zu sein.

Wir basteln Strohsterne, weil sie von unserer Armut erzählen und zugleich von der Liebe und Demut Jesu, der so zu uns kommt.

8. Wir gehen mit Freude dem Licht entgegen

Wir kaufen Geschenke, wir schmücken das Haus, wir backen Plätzchen, und wir können uns innerlich vorbereiten, das Herz bereiten, weil Jesus zu uns kommt, in unser Haus und unser Herz.

- Wir legen in die Mitte einen Adventskranz und stellen unsere Jesuskerze in die Mitte des Kranzes.
- Daran entzünden wir Opferlichte, jeder Teilnehmer erhält ein Licht.

Wir schauen noch einmal die Bilder und die Zeichen auf unserem Weg. Jeder kann nun mit dem Licht eine Bitte, einen Dank aussprechen und das Licht zu dem Bild stellen, das er so ins Gebet nimmt.

Wir singen den Ruf:

Freut euch ihr Christen, freuet euch sehr, schon ist nahe der Herr. (GL 223)

Material

Reifen, Gong; Gazétücher: 1 grünes, 2 dunkelbraune, 1 ocker, 2 gelbe, 1 dunkelblaues, 1 dunkelbraunes; Bilder der Mappe 2020/4; größere Kerze (Adventskerze)

Weiterführung

Mit dieser Einheit könnte ein Team die Adventszeit beginnen. Es ist die Möglichkeit, sich selbst mit den Zeichen auseinanderzusetzen. Welche Bedeutung und welche Botschaft sagen mir diese Zeichen, die in den Bildern angesprochen werden? Dann ist zu überlegen: Welches Zeichen bzw. auch Einheit dieser Ausgabe ist für die Kinder im Advent bedeutsam? Durch welche Zeichen können wir die Kinder in unserem Kindergarten oder in der Schule mit der Weihnachtsgeschichte vertraut machen? Wie bereiten wir diese Botschaft vor?

In einem Familienkreis oder an einem Elternabend können die Bilder auch zum Tragen kommen, wenn wir uns Zeit nehmen, um in den Bildern einen Weg durch den Advent zu erkennen. Da sind Schritte auf einem Weg, Erfahrungen werden geweckt und kommen ins Spiel. Es bleibt ein Überschuss auf dem Weg durch den Advent. Bei den Kleinen ist Weihnachten das Ziel, bei den Großen könnte der Blick noch weitergehen. Gerade durch das Licht, die Kerze kommt das Leben mit Hoffnung und Schatten, Freude und Leid in den Blick.

Für die Familie ist das Licht der Kerze wichtig. Es versammelt zum Gebet, es versammelt zum Frieden. Können wir die Achtsamkeit im Hören und Schauen fördern? Dann ist die Krippenlandschaft für den Heiligen Abend aufzubauen, an dem auf ganz einfache Weise die Weihnachtsgeschichte gestaltet und erzählt werden kann.

Bilder der Bildermappe

Christel Holl

Die erste Kerze brennt

Friede diesem Haus

Öffne dein Tor!

Bereite den Weg!

Teile das Brot!

Ein Licht über der dunklen Stadt

Ein Stern leuchtet auf

Stroh im Stall

Der ganzheitliche Weg in der Coronazeit

Veränderte Umgangsweisen miteinander und mit dem Material

Esther Kaufmann

Der ganzheitliche und symbolische Weg der RPP ist bekanntlich dem Kind abgeschaut. Und ein Kind lebt ganzheitlich, mit Leib und Seele, es lebt die leibhafte Nähe, erfährt so die Symbole und schaut hinter die Dinge. Innen und Außen stehen in einem offenen Wechsel. Es gehört zur Reifung der Persönlichkeit, diese Beziehung zu wahren und wahrhaftig zu leben. Der Erwachsene lebt wohl auch so, weil es zum Menschsein gehört, aber wir machen oft Trennungen. Darum bedarf es einer Sorgfalt, mit den Einschränkungen, dem Abstand gut umzugehen, ohne das Menschsein zu verlieren.

Dazu einige Anregungen:

- Alle Teilnehmer waschen oder desinfizieren sich vor einer Einheit die Hände.
- Die Stühle stehen im Abstand.
- Die Kreisbildung geschieht durch das bewusste Anschauen, Zunicken, Lächeln, mit den Worten: Schön, dass du da bist.
- Tücher für die Teilnehmer liegen vor der Einheit unter dem Stuhl, auch Deckchen zum Gestalten nach der Anschauung.
- Zwei bis drei Materialkörbchen (ausgewählt nach dem Inhalt der Einheit) stehen auch unter oder neben dem Stuhl. Sie sollten so stehen, dass sie nicht umgestoßen werden und auch als kostbares Material gesehen werden.
- Falls nötig, wird weiteres Material im Raum verteilt bereitgestellt, sodass es zu keinem großen Gedränge kommen kann.
- Das Ablegen der Tücher geschieht nacheinander.
- Wenn die GL mit einem Kind oder einer Person ein Tuch zusammen hinlegt, trägt sie Mundschutz.

- Beim Gestalten kann jede zweite Person beginnen.
- Beim Verteilen von Opferlichte werden diese auf einem Korbdeckel von der GL (mit Mundschutz) reihum angeboten, evtl. auch schon entzündet.
- Wenn wir ein Lied tanzen, gehen wir im Abstand, wir können klatschen, uns drehen, die Hände hochhalten, senken ohne Berührung.
- Am Ende einer Einheit räumen die Teilnehmer ihren eigenen Platz auf, sammeln das Material wieder in ihr Körbchen.
- Wir lassen die Materialien – Tücher – offen stehen.
- Das Material muss desinfiziert werden.
- Der Raum wird gelüftet und wird nicht sofort wieder von einer anderen Gruppe belegt.

LIED Kleine Flamme brenne hell

Text und Melodie: Klaus Gräske

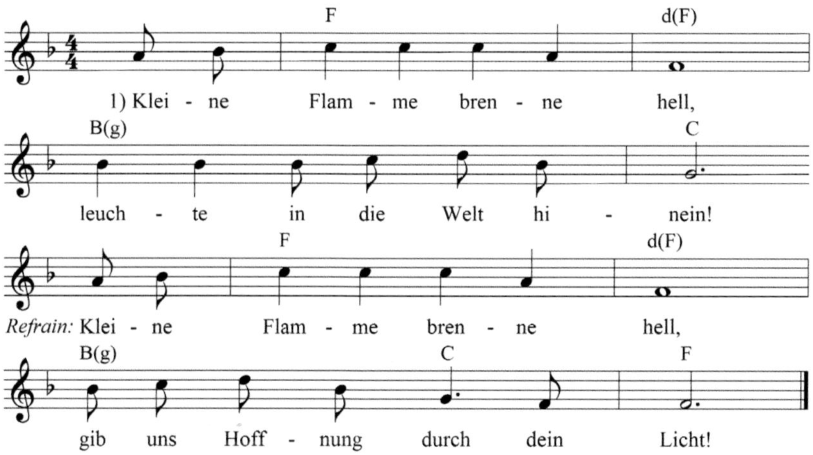

2) Kleine Flamme brenne hell,
leuchte hell in unser Land!

3) Kleine Flamme brenne hell,
leuchte hell in unsre Stadt!

4) Kleine Flamme brenne hell,
leuchte hell in unser Haus!

5) Kleine Flamme brenne hell,
leuchte hell in unser Herz!

Die erste Kerze brennt

Ps 18,29 Du machst meine Finsternis hell.
Für den Morgenkreis – Kindergottesdienst

Esther Kaufmann

Hinführung

Jedes Jahr freuen wir uns auf den Advent. In unseren Breiten ist es eine dunkle Zeit, zunächst nur vom Tageslauf her gesehen. Die Sonne geht spät auf und früh unter. Die Tage sind kurz. Advent ist aber auch eine Zeit des Lichtes, eine Zeit, um Ausschau zu halten, zu warten, zu erwarten, eine Zeit der Vorfreude auf das Weihnachtsfest.

» Der Schein der Kerze erhellt unser Inneres.

In dieser Zeit hat das Licht der Kerzen eine besondere Bedeutung. Trotz aller Lichterketten und blinkenden Sterne ist der Schein einer Kerze etwas Besonderes, er fasziniert, macht still und lässt uns verweilen, zumal dann, wenn wir dieses Anzünden der Kerze mit einer Botschaft verbinden.

Das Licht leuchtet in der Dunkelheit, es vertreibt die Angst, es lässt uns still werden, es versammelt uns im Kreis. Das Licht zeigt uns, wohin wir gehen können, wo jemand auf uns wartet. Das Licht erhellt das Gesicht des anderen, vielleicht strahlt es auf und strahlt uns an.

Kleinere Kinder haben viel Freude am flackernden Licht und fragen: Darf ich ausblasen? – wo wir das Licht noch etwas strahlen lassen wollen. Darum braucht es immer wieder eine innere Führung, um sensibel zu werden für die einfachen Zeichen, für dieses eine einfache, stille Zeichen, das uns mit anderen Zeichen im Advent geschenkt wird.

Einübung in die Achtsamkeit der Wahrnehmung, Achtsamkeit im Schauen und in der behutsamen Gestik, achtsames, geduldiges Warten, Achtsamkeit in einer offenen Begegnung – all das bereitet uns vor für die Botschaft, dass Gott uns Jesus schenkt, das Licht in der Dunkelheit, dieses Licht uns anvertraut. Werden wir es hüten und aufscheinen lassen?

Durchführung und Gestaltung

1. Wir versammeln uns im Kreis

Wir sitzen im Kreis und schauen im Kreis jedes Kind an: Wer ist heute mit mir im Kreis?

Wir nicken dem Kind, das gegenüber sitzt, zu und lächeln es an.

- In die Mitte des Kreises legen wir den Reifen.
- Diese Gazétücher liegen bereit: dunkelblau, dunkelrot, hellrot, orange und gelb.
- Die Erzieherin entfaltet ein Tuch und legt es mit einem Kind gerafft an den Reifen, sodass rundherum die Tücher liegen, in der Reihenfolge, dass die Tücher immer heller werden.

Wir löschen das elektrische Licht. Die Sonne ist vielleicht noch gar nicht aufgegangen, Wolken machen es noch dunkler. Der Raum ist dämmrig. Am Abend kann es schon dunkel sein.

Wir schauen in den dämmrigen, dunklen Raum. Wir sehen Umrisse, sehen die Kinder im Halbdunkeln, nehmen die Schatten wahr, die Umrisse von Gegenständen und Bildern.

2. Ein Licht leuchtet auf

Wenn es dunkel wird, warten wir auf das Licht.

- Eine Kerze wird in die Mitte gestellt und dort mit einem Streichholz entzündet.

Langsam erhebt sich die Flamme. Wir sehen den Schein der Kerze.
Die Flamme flackert. Wird sie still?

Wir können mit den Händen die Flamme zeigen, die Fingerspitzen zusammenhalten, etwas hin und her bewegen.

Die Flamme kann auch ganz still brennen.
Wir halten unsere Hände wie eine Flamme – still.

Wir sehen den Schein, den das Licht der Kerze verbreitet.
Manches wird hell im Schein der Kerze.

Das Licht verbreitet sich – und auch wir weiten unsere Arme,
werden weit und hell.

- Die Erzieherin nimmt die Kerze und trägt sie langsam im Kreis an jedem Kind vorbei.

Wenn das Licht der Kerze kommt, sehen wir das Gesicht des Kindes. Sein Gesicht leuchtet im Licht der Kerze, es strahlt, die Augen leuchten.

- Die Kerze wird wieder in die Mitte gestellt.

3. Es ist Advent

Eine neue Zeit hat begonnen. Die Sonne scheint nicht mehr so lang am Tag, der Abend kommt früher. Eine dunkle Zeit hat begonnen. Es dauert am Morgen so lange, bis die Sonne aufgeht, bis es hell wird, der Tag beginnt.
Und am Abend wird es schnell dunkel.

Wenn es dunkel wird, suchen wir das Licht. Wir warten auf das Licht. Wir freuen uns, wenn wir ein Licht anzünden. Jetzt brennt eine Kerze in unserem Kreis.

4. Gebet

Guter Gott,
im Advent zünden wir eine Kerze an.

Es soll hell werden im Zimmer, im Haus.
Es soll auch hell werden im Herzen.
Manche Menschen sind im Dunkeln.
In ihren Herzen ist keine Freude, kein Licht.

Wir zünden ein Licht an
für alle, die im Dunkeln sind.

Wir zünden ein Licht an
für alle, die traurig sind.

Wir zünden ein Licht an
für alle, die einsam sind.

Wir zünden ein Licht an
für alle, die kein Zuhause haben.

Guter Gott,
du willst uns Jesus senden.
Er ist das Licht für die Menschen.

Komm, Herr Jesus und leuchte uns.
Mach uns froh!

5. Gestaltung

Die Kinder erhalten ein dunkles oder helles, rundes Deckchen. Sie gestalten darauf den Schein des Lichtes oder die Flamme der Kerze und Lichtstrahlen.

6. Weiterführende Anregung

Im Raum gestalten wir eine Advents-Wand und befestigen dort das Mappenbild.

- Davor gestalten wir eine Landschaft mit braunen Tüchern und mit Zapfen. Sie ist dunkel und still.
- Wir stellen eine Kerze dazu.

LIED Wir sagen euch an, den lieben Advent, sehet die erste Kerze brennt oder nachfolgendes Lied „Eine kleine Kerze“

Text und Melodie:
Klaus Gräske

2) Eine kleine Kerze bringt dir Hoffung heut.
Eine kleine Kerze macht hell die Dunkelheit.
Eine kleine Kerze will dir sein ein Licht.
Diese kleine Kerze sagt dir: Fürchte dich nicht!

Wir können ein Kerzenmandala malen.

CH

Macht hoch die Tür, die Tor macht weit!

Bildmeditation

Meinulf Blechschmidt

Warum singst du noch und rufst:
„Macht hoch die Tür, die Tor macht weit?“
Das Tor ist doch offen, weit und hell.
Ein Tor voller Licht.
Und selbst der Weg dorthin ist von Licht überflutet,
alles Dunkel, Steine und Hindernisse sind erhellt.

Doch um das weite Tor siehst du viele kleine Tore,
verschlossen, verriegelt, vernagelt, verbrettert,
dunkel, mit Gitterstäben,
kein Leuchten, nur Dunkel und dämmriges Licht.

Warum verriegeln die Menschen die Türen,
die Fenster und Balkone?
Haben sie etwas zu befürchten? Verstecken sie sich?
Wollen sie nicht gesehen werden,
heimlich im Verborgenen Böses tun?

Oder wollen sie die Welt nicht sehen?
Sind sie neidisch, weil andere es gut haben?
Können sie sich nicht mitfreuen und staunen?

Oder machen sie zu, weil sie das Leid der anderen berührt,
sie es nicht ertragen können? So viel Leid in der Welt!

Aber das große Tor ist offen. Licht kommt dir entgegen.
Du kannst eintreten, frei und weit und voller Hoffnung,
auch wenn alle anderen Häuser verschlossen sind.

Sing das Lied: Macht hoch die Tür, die Tor macht weit.
Sing es für alle, die verschlossen sind.
Sing es hinein in unsere Zeit, die voller Angst ist, wo der Abstand regiert
und du die Gesichter nur schwer erkennen kannst.

Sing es durch den Advent, denn Gott will kommen.
Geh ihm entgegen ins Licht!

Ins Leben gesungen

„O wohl dem Land, o wohl der Stadt,
so diesen König bei sich hat", so singst du weiter.

Du fragst: Vor wie vielen Toren und Türen stehe ich jeden Tag?
Tore zur Begegnung, offen oder verschlossen,
zur falschen Zeit oder gerade recht,
einladend oder abweisend, geduldet oder erwartet.

Dein Leben ist wie ein Weg von Tor zu Tor,
Altbekanntes, vertraute Begegnung,
dazwischen viel Neues, neue Erfahrungen und Hoffnung,
aber auch Enttäuschungen, Verluste und Einsamkeit.
Das Leben: jeder Tag ein neuer Schritt wie durch ein Tor ins Ungewisse.

Im Advent gehen wir durch eine dunkle Zeit,
voller Fragen, Suchen und Verschlossenheit,
und doch mit großer Freude dem Licht entgegen.

Das Tor ist offen. Gott hat sich gezeigt.
Von ihm her fällt Licht in unser Leben.
Gott selbst geht den Weg zu dir, Jesus, das Leben, ist auf dem Weg.

Der Himmel öffnet sich, Jesus bringt das Licht.
Glanz erfüllt die weite Nacht:
„O wohl dem Land, o wohl der Stadt, so diesen König bei sich hat."

Advent: Ich gehe ihm entgegen:
Er nimmt mir die Angst um mich selbst.
Er öffnet meine Augen für Freude und Leid der andern.
Er heilt meine Ohren, um Not und Hoffnung zu hören.
Er stärkt meine Hände, um zu empfangen und zu geben.

Er erfüllt mein Herz,
und sein Licht und sein Friede gehen von mir aus.

Seid wachsam – wachet auf!

Familiengottesdienst im Advent

Meinulf Blechschmidt

Hinführung

Am 1. Adventssonntag ruft Jesus uns im Evangelium zu: „Seid wachsam!"

Es ist ein Wort, das uns gerade jetzt in der Coronazeit wie ins Herz gesprochen wird. Es braucht Wachsamkeit, Aufmerksamkeit, Achtsamkeit. Worauf müssen wir besonders achten? Wir dürfen nicht leichtfertig mit der Situation umgehen.

Das Wort des Herrn ist jedoch in die Adventszeit hineingesprochen, es will uns mahnen, auf Jesus zu warten und für ihn wachsam zu sein. Das könnten wir fast vergessen, wenn sich die gewohnte Zeit des Advents völlig anders gestaltet, es kaum Adventsmärkte gibt, die Adventsfeiern selten sind.

So kommt beides zusammen.

Bereit und wach zu sein für Jesus, der kommen will, der Mensch geworden ist – das heißt auch achtsam und wach zu sein für die Menschen, die mit uns und in der weiten Welt leben.

» Bereit sein für Jesus und die Menschen

Wir können den Klang des Liedes „Wachet auf!" verstärkt aufnehmen.

Eine Fanfare ertönt: Die Trompete bläst die Melodie „Wachet auf!, ruft uns die Stimme".

Der Klang, der uns aufrütteln kann, uns am Sonntagmorgen aufhorchen lässt. Dann die kurzen Fragen des Gottesdienstleiters an verschiedene Personen aus der Gemeinde. Immer die stereotype Antwort: Ich bin doch wach!

In den Predigtgedanken werden besonders unsere Sinne angesprochen, die wir öffnen oder verschließen können. Sie sind der Zugang zur Welt, die Welt kommt in uns hinein. Sind wir wach?

Mit unseren Sinnen sind wir wach, aufmerksam, offen für Begegnung und für das, was um uns herum und in der Welt geschieht.

Wenn unsere Sinne wach sind, werden wir auch wach für das, was dahinter liegt. Wir können fragen und die Zeit wahrnehmen, die nach Erlösung schreit, nach Friede und Verstehen, nach Güte und Gemeinschaft. Jesus will kommen in diese Zeit. Wir erwarten ihn, der zu uns kommt und uns anrühren will mit seiner Liebe und seinem Leben.

In den Fürbitten tragen wir unser Leben vor Gott: Kinder, Jugendliche, die Alten und Kranken, wir sehen die Not der weiten Welt und tragen sie vor Gott hin. Wir bitten um Wachsamkeit und Offenheit in dieser Adventszeit, damit Jesus kommen kann, dass er uns verwandelt und zum Licht in dieser dunklen, fragenden, zerrissenen Zeit macht.

Das bekannte Lied „Macht hoch die Tür, die Tor macht weit" könnte von einer Kinder- oder Jugendgruppe um den Altar mit Gesten gestaltet werden, in denen das Warten, die Sehnsucht nach dem Heiland und die Offenheit für Gott ausgedrückt werden.

Die Feier

1. Einzug in Stille

Heute beginnen wir eine neue Zeit. Welche Zeit?
Die Adventszeit.

Advent – jeder kennt das Wort, doch was heißt Advent auf Deutsch?
Advent heißt: Ankunft, Ankommen.
Einer will ankommen – Jesus will kommen.

Jetzt beginnt eine Zeit, in der wir uns auf ihn vorbereiten, auf ihn warten.

◗ Die erste Kerze am Adventskranz wird entzündet.

Wir singen:

Wir sagen euch an, den lieben Advent, sehet die erste Kerze brennt.
Wir sagen euch an, eine heilige Zeit, machet dem Herrn die Wege bereit.
Freut euch ihr Christen, freuet euch sehr, schon ist nahe der Herr.

2. Wir hören – Kyrie

◗ Ein Gong wird angeschlagen. Wir hören dem Ton nach, bis es still ist.

Jesus, du willst ankommen, auf dich sollen wir warten.

Doch wir warten auf andere Dinge. Dich haben wir nicht immer im Blick.

RUF Herr, erbarme dich unser.

◗ Gong hören

Jesus, du willst ankommen, auf dich sollen wir hören.

Doch wir hören auf andere Stimmen. Wir hören Weihnachtslieder, wir hören die Werbung, wir hören auf die vielen Stimmen, die sagen: Kauf das! Das brauchst du noch!

RUF Herr, erbarme dich unser.

◗ Gong hören

Jesus, du willst ankommen, du willst in unserem Herzen ankommen.

Doch wir tragen anderes im Herzen.
Wir denken, dass wir viele Dinge brauchen, die uns glücklich machen.
Wir haben viele Wünsche.

RUF Herr, erbarme dich unser.

Gebet

Gott, wir danken dir, dass du uns jetzt zusammenrufst.
Du schenkst uns diese Adventszeit, eine stille Zeit.
Oft ist sie auch sehr laut, hektisch und unruhig.
Wir haben so viele Wünsche und Ideen.
Wir sollen still werden, um auf Jesus zu warten.
Wie wird er kommen?
Danke, guter Gott, für diese Zeit.

1. FANFARE „Wachet auf!, ruft uns die Stimme“

◗ Mit einer Trompete wird von der Empore aus der Anfang des Liedes gespielt.

◗ Der Gottesdienstleiter geht zu einem Kind und ruft dort laut:

Wach auf!

Kind: Ich bin doch wach. Ich schlafe nicht. Ich habe schon gefrühstückt.

Gottesdienstleiter: Denkst du auch an Jesus? Wartest du auf ihn?

2. FANFARE „Wachet auf!, ruft uns die Stimme“

◗ spielt die Trompete von der Empore aus.

◗ Der Gottesdienstleiter geht zu einem Jugendlichen und ruft dort laut:

Wach auf!

Jugendlicher: Ich bin doch wach. Ich geh nachher zu Freunden. Wir spielen am PC. Wir gehen heute noch auf den Fußballplatz.

Gottesdienstleiter: Wartest du auf Jesus? Bist du vorbereitet?

3. FANFARE „Wachet auf!, ruft uns die Stimme“

- spielt die Trompete von der Empore aus.
- Gottesdienstleiter geht zu einem Erwachsenen und ruft dort laut:

Wach auf!

Erwachsener: Ich bin doch wach. Ich habe viel Arbeit, Stress, Hektik. Plätzchen backen, Geschenke kaufen, das Haus putzen. Ich kann nicht schlafen.

Gottesdienstleiter: Ist dein Herz bereit für Jesus? Wirst du seine Stimme hören? Wirst du ihn erkennen, wenn er kommt?

3. Lesung nach Jes 63,19b; 64,2–8

Hättest du doch den Himmel zerrissen und wärest herabgestiegen,
sodass die Berge vor dir erzitterten

Als du Furcht erregende Dinge tatest,
die wir nicht erwarteten, stiegst du herab; vor dir erzitterten die Berge.
Seit Urzeiten hat man nicht vernommen, hat man nicht gehört;
kein Auge hat je einen Gott außer dir gesehen,
der an dem handelt, der auf ihn harrt.

Du kamst dem entgegen, der freudig Gerechtigkeit übt,
denen, die auf deinen Wegen an dich denken.
Siehe, du warst zornig und wir sündigten;
bleiben wir künftig auf ihnen, werden wir gerettet werden.

Wie ein Unreiner sind wir alle geworden,
unsere ganze Gerechtigkeit ist wie ein beflecktes Kleid.
Wie Laub sind wir alle verwelkt, unsere Schuld trägt uns fort wie der Wind.

Niemand ruft deinen Namen an,
keiner rafft sich dazu auf, festzuhalten an dir.
Denn du hast dein Angesicht vor uns verborgen
und hast uns zergehen lassen in der Gewalt unserer Schuld.

Doch nun, HERR, du bist unser Vater.
Wir sind der Ton und du bist unser Töpfer, wir alle sind das Werk deiner Hände.

Schau doch her: Wir alle sind dein Volk.

4. Antwortgesang

5. Evangelium, Mk 13,33–37

Gebt Acht und bleibt wach! Denn ihr wisst nicht, wann die Zeit da ist.

Es ist wie mit einem Mann, der sein Haus verließ, um auf Reisen zu gehen:
Er übertrug die Vollmacht seinen Knechten,
jedem eine bestimmte Aufgabe; dem Türhüter befahl er, wachsam zu sein.

Seid also wachsam!
Denn ihr wisst nicht, wann der Hausherr kommt,
ob am Abend oder um Mitternacht,
ob beim Hahnenschrei oder erst am Morgen.

Er soll euch, wenn er plötzlich kommt, nicht schlafend antreffen.

Was ich aber euch sage, das sage ich allen: Seid wachsam!

6. Predigt-Gedanken

▸ Nochmal den Gong anschlagen – den Ton verklingen lassen, hören

Jetzt ist es still.

Wenn es still wird, kann ich ganz Ohr sein und hören. Wenn es still ist, warte ich auf einen Ton.

Wachsamkeit braucht Hören und darum Stille. Die leisen Töne, die zarten Töne gehen sonst ungehört vorbei. Das laute Geräusch erschlägt mich, trommelt mir in den Ohren, macht mich kleinlaut, nervt.

In dieser besonderen Zeit (von Corona) braucht es eine besondere Wachsamkeit, eine Aufmerksamkeit für alles, was wir tun, wie wir gehen, was wir anfassen, wie wir uns begegnen, wie wir reden und singen.

Wir müssen aufeinander achten, um andere und uns zu schützen.

Aber diese Zeit des Advents ist auch eine heilige Zeit, eine Zeit für Jesus.

Müssen wir auch auf ihn achten? Wie machen wir das? Wie achten wir auf Jesus, sodass wir sein Kommen nicht überhören, es übersehen? – „Er war da, aber wir haben es nicht gemerkt."

Jesus sagt: Jeder soll wachen. Jeder hat seine besondere Aufgabe. Wir alle haben für unsere Aufgaben unsere Sinne, die wie Tore für die Welt und zum Nächsten sind. Mit den Augen sehen wir in die Welt, sehen das Schöne, aber auch die Not. Mit den Ohren hören wir, was der andere uns sagt und erzählt, aber auch die leisen Töne, das Betteln und die Hilferufe. Mit den Füßen gehen wir durch die Welt und aufeinander zu. Mit den Händen empfangen wir, begegnen einander und gestalten die Welt.

Ich kann die Augen verschließen, ich will die Not der anderen nicht mehr sehen. Ich sehe nur noch mich selbst. Und mit den Ohren mache ich es auch so. Ich höre nur noch, was ich will. Und die Hände packen, was ich haben will, halten es fest und geben es nicht mehr her. Wenn ich so um mich kreise, mich in die Mitte stelle, wenn mein Herz ganz voll ist von mir und meinen Wünschen, wie soll dann Jesus kommen, ankommen, bei mir sein?

Nein, jetzt ist die Zeit des Advents, um wachsam zu sein, achtsam, mit offenen Augen durch die Welt zu gehen. Wer braucht meine Hilfe? Wer braucht ein gutes Wort? Sind meine Hände offen und kann ich geben? Wer wartet auf mich, dass ich zu ihm komme, Zeit für ihn habe, mit ihm rede, mit ihm spiele oder ein tröstendes Wort sage?

Dann wird mein Herz frei, es wird offen und weit. Dann kann Jesus zu mir reden, er kann mein Herz berühren, er kann zu mir kommen. Er bringt Licht und Freude mit. Ja, wenn Jesus da ist, geht ein Licht von mir aus, strahlt in die Welt. Ich werde gute Worte sagen, ich kann zuhören, ich gehe zu anderen, zu den Kranken und den Außenseitern, zu Menschen, die allein sind oder krank.

So ist es im Advent. Es ist die Zeit, um wachsam zu sein und in die Stille zu hören:

Jesus, was sagst du mir? Was soll ich tun?

LIED „Wachet auf!, ruft uns die Stimme“ (GL 554)

7. Fürbitten

P. Jesus, du rufst uns laut zu: Seid wachsam!

Komm, Herr Jesus, komm zur Erde

Text und Melodie:
Franz Kett

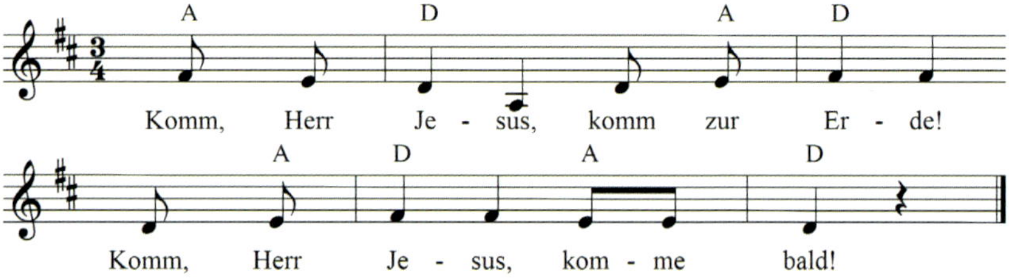

Wir bitten dich:

1. Erwachsener

Seid wachsam!
Wir bitten dich für unsere Pfarrgemeinde:
Lass uns offen füreinander sein.
Gib uns Achtsamkeit im Umgang miteinander,
offene Ohren und offene Hände, die bereit sind zu helfen und zu geben.

2. Kind

Seid wachsam!
Wir bitten dich für die Kommunionkinder und Firmlinge unserer Gemeinden:
Öffne ihr Herz für dich, und lass sie mit Freude dich erwarten.

3. Eltern

Seid wachsam!
Wir bitten dich für die Eltern:
Lass die Kinder bei ihnen geborgen sein.
Schenke ihnen Kraft, dass sie in der Familie miteinander deinen Festtag vorbereiten.

4. Schulkind

Seid wachsam!
Wir bitten dich für die alten und kranken Menschen in unseren Familien:
Lass uns gut und liebevoll zu ihnen sein.
Schenke ihnen Gesundheit.

5. Erwachsener

Seid wachsam!
Die Adventszeit ist schön. Viele Lichter leuchten.
Vieles wünschen wir uns.
Jesus, du aber kommst leise.
Schenke uns in dieser hektischen Zeit auch Stille, Zeit zum Gebet,
damit du einen Platz findest in unserem Haus und in unseren Herzen.

6. Erwachsener

Seid wachsam!
In der weiten Welt ist so viel Krieg, Hunger, Gewalt und Not.
Lass uns die Armen nicht vergessen.
Gib uns Hände und ein Herz, das mitfühlen und teilen kann.
Schenke der Welt den Frieden.

8. Dank

„Macht hoch die Tür, die Tor macht weit,
es kommt der Herr der Herrlichkeit.“ (GL 218)

wird von der Gemeinde gesungen, evtl. auch mit Trompete und Orgel.

- Einige Kinder können im Chorraum im Abstand stehen und mit Gesten das Lied begleiten.

Macht hoch die Tür, die Tor macht weit,	*Hände erheben und öffnen*
es kommt der Herr der Herrlichkeit,	*Hände senken*
ein König aller Königreich,	*Hände offen nach oben heben*
ein Heiland aller Welt zugleich,	*mit erhobenen Armen im Kreis gehen*
der Heil und Leben mit sich bringt,	*stehen und die offenen Arme senken*
der halben jauchzt mit Freuden singt:	*sich mit offenen Händen drehen*
Gelobet sei mein Gott,	*klatschen*
mein Schöpfer reich an Rat.	*Hände vor das Herz halten.*

LIED Hey du! Wach auf!

Text und Melodie:
Klaus Gräske

2) Hey du! Wach auf! Du musst jetzt aufstehn!
Es ist höchste Zeit! Denn es kommt der Tag, da
werden groß die Ohren, und du hörst ´nen neuen Klang.

3) Hey du! Wach auf! Du musst jetzt aufstehn!
Es ist höchste Zeit! Denn es kommt der Tag, da
öffnet sich dein Mund, und das Leben schmeckt dir gut.

4) Hey du! Wach auf! Du musst jetzt aufstehn!
Es ist höchste Zeit! Denn es kommt der Tag, ganz
frei wird deine Nase, und die Welt duftet so fein.

5) Hey du! Wach auf! Du musst jetzt aufstehn!
Es ist höchste Zeit! Denn es kommt der Tag, da
öffnen sich die Hände, du empfängst das Leben neu.

6) Hey du! Wach auf! Du musst jetzt aufstehn!
Es ist höchste Zeit! Denn es kommt der Tag, da
gehen deine Füße einen ungewohnten Weg.

7) Hey du! Wach auf! Du musst jetzt aufstehn!
Es ist höchste Zeit! Denn es kommt der Tag, da
öffnet sich dein Herz für die Liebe in der Welt.

8) Hey du! Wach auf! Du musst jetzt aufstehn!
Es ist höchste Zeit! Denn es kommt der Tag, da
öffnen Tür und Tore: Neues Leben kommt zur Welt!

Praxismodell

Friede in deinem Haus

Ps 122,7 Friede wohne in deinen Mauern, in deinem Haus Geborgenheit

Esther Kaufmann

Hinführende Gedanken

Im Advent hat das Haus eine besondere Bedeutung. Wir suchen Geborgenheit, Wärme, Licht, Nähe der Menschen. Wir suchen Gemeinschaft. Der Advent spricht ja schon von Weihnachten, ist Vorbereitung auf dieses Fest, in dem Jesus als Kind geboren wird. Ein Kind fragt nach dem Haus, nach dem ersten Haus, das die Mutter ist. Wo bin ich zu Hause? – Grundfrage des Menschen trotz aller Mobilität.

Darum ist für viele Kinder das Haus, die Wohnung der Ort des Schutzes und der Sicherheit. Auch die Schule und der Kindergarten können solche Orte sein, wenn sie personal belebt sind.

» Geborgenheit im Haus, aber auch Not und Unfriede

Wir wissen allerdings auch um das Dunkel und die Not in den Häusern, doch sprechen wir zunächst die gute Erfahrung an. Das Gute ist die Kraft gegen alle negativen Erfahrungen.

In den eutonischen Übungen: „Ich bin da; ich bin da in diesem Raum“ wird der eigene Leib als ein Haus wahrgenommen. Ich bin da in meinem Haus. Ich bin bei mir.

In der Coronazeit ist es besonders wichtig, das Körpergefühl anzusprechen, es bewusst wahrzunehmen, sensibel zu werden für sich und den anderen, die Beziehung zum Boden und zum Raum zu erspüren, weil alles auf Abstand fixiert wird. Im Leib aber bin ich offen und hin geordnet auf die Welt, die nur mehr eingeschränkt erfahrbar ist.

Im bewussten Wahrnehmen des Leibes: Ich haben einen Platz; ich kann sitzen, stehen, schauen, lächeln – kann auch Nähe entstehen zum Raum, zum anderen und zu sich selbst.

Die Selbstwahrnehmung geht in der Hektik und im Stress oft verloren, wenn nur noch funktionieren zählt.

Wir legen in der Gestaltung mit Tannenzweigen einen Kranz in das Haus. Der Kranz wächst, Zweig um Zweig. So wächst langsam die Gemeinschaft, die Haus-Gemeinschaft, wenn wir uns auch nicht die Hand geben können.

Doch sind wir miteinander verbunden. Das können wir dann auch ausdrücken, wenn wir uns anschauen und den Namen nennen.

Im Gebet sprechen wir Dank und Bitte, Sehnsucht und Freude an, weiten aber auch das eigene Haus und sehen die dunklen Häuser, wo Not, Einsamkeit und Krankheit ist. Wir rufen nach Heil, nach Gemeinschaft, nach Frieden.

Im Advent ist beides da. Es ist eine Zeit des kostbaren Lichtes, der gehüteten, stillen Flamme, die Frieden verbreitet, aber auch der Dunkelheit, der Kälte und Einsamkeit. Wir nehmen bewusst die Not und das Dunkel wahr.

Die Zeichen, die uns gegeben sind, wie das Licht, der Kranz, das helle Haus, aber auch das dunkle Haus sind Erfahrungen des Lebens, die wir vor Gott bringen, vor ihn, der uns Jesus sendet, der Heil, Licht und Leben schenkt.

Wenn wir mit den Kindern beten, gründen wir sie in Gott. Wir geben ihnen ein Fundament, auf dem sie stehen können, einen Grund, der trägt in guten und in schweren Tagen.

Durchführung und Gestaltung

1. Wir versammeln uns

Wir versammeln uns „im Kreis" – im Kindergarten – zu Hause – bei Nachbarn – in einer Kapelle – im Klassenzimmer – ...

Ein Kind kann mit einer Flöte ein Adventlied spielen. Im Kindergarten können wir ein Lied hören oder auch singen, z. B. Im Advent, im Advent ...

2. Ich bin da

Wir sitzen im Kreis. Jeder hat einen Stuhl.

Wir stellen die Füße auf den Boden und spüren den Boden.

Ich habe einen rechten Fuß – ich habe einen linken Fuß – beide Füße spüren den Boden.

Mit meinen Füßen bin ich heute schon Wege gegangen ...
jetzt bin ich hier ... in diesem Zimmer ... in diesem Kreis ... in diesem Haus.

Wir sind miteinander da. Wir sagen einander: „Schön, dass du da bist“ und nicken einander zu.

3. Ich bin da in diesem Raum

Wir schauen den Raum, das Zimmer, in dem wir sind.
Wir sehen die Wände – die Decke – den Boden.

Wir sehen Bilder, Gegenstände.

Wir schließen die Augen. Was kann ich noch sehen?
Ein Bild, einen Gegenstand, die Wand, Blumen, Zweige?

Jetzt sind wir hier zusammen. Ich sitze auf dem Stuhl.
Mit den Füßen spüre ich den Boden.
Sie stehen still.

Ich war heute schon unterwegs. In welchen Räumen, Wohnungen, Häusern war ich heute schon?

War dort Freude? Gab es Streit? Waren dort Menschen, die ich kenne?

4. Friede!

Jetzt bin ich da in diesem Kreis. Wir sind miteinander da. Wir werden still. –
Ich schaue meinen Nachbarn an und sage ihm:
„Der Friede sei mit dir.“ Und so geht es im Kreis weiter.

5. Das helle Haus in der Mitte

- Wir legen in die Mitte mit einem gelben Tuch ein Haus.

Wir sehen ein helles Haus.
Mit unseren Armen können wir es zeigen.
Wir öffnen die Arme und breiten sie aus.

Unser Haus ist offen.
Ist es hell darin?

Wir schließen die Augen und suchen ein helles Haus. ... Wird es auch in mir hell?

- Ein Kind tritt in das helle Haus. Es schließt die Augen: Ich bin bei mir zu Hause.
- Wenn ein Zimbelton erklingt, öffnet es die Augen.

Das helle Haus kann uns etwas sagen:

- Komm herein!
- Hier ist es warm.
- Hier wohnen gute Menschen.
- Hier ist Friede – kein Streit.

6. Der Kranz im Haus

Im Advent schmücken wir unsere Häuser mit Sternen, mit Lichtern, mit Tannenzweigen.

- Die Zweige erzählen vom Leben. Sie sind grün, wenn alles andere braun und wie tot ist.
- Sie erzählen von der Gemeinschaft, wenn wir sie zu einem Kranz binden, Zweig um Zweig, miteinander verbunden.
- Die Zweige erzählen von Jesus, er wird kommen und uns Frieden schenken.

◗ Ein Korb mit Zweigen wird bereitgestellt.

◗ Die Erzieherin oder Gruppenleiter/in trägt den Korb im Kreis (evtl. mit Mundschutz).

◗ Jedes Kind, jeder Teilnehmer nimmt einen Zweig aus dem Korb.

Nacheinander legen wir unseren Zweig hin, sodass ein Zweig den anderen berührt. Wir legen miteinander einen Kranz in das Haus.

Wir schauen nochmals im Kreis nacheinander jedes Kind an. Die Erzieherin beginnt, schaut das Nachbarkind an und nennt seinen Namen. So geht es im Kreis von Kind zu Kind.

Ein Kreis ist gewachsen.

In die Mitte des Kranzes stellen wir die Kerze und entzünden sie.

7. Gebet

Guter Gott, es ist Advent.
Wir versammeln uns im Haus.
Wir haben einen Kranz gebunden, den Adventskranz.
Er erzählt uns: Bald wird Jesus kommen.

Wir warten auf ihn und rufen:

Komm, Herr Jesus, schenke uns Frieden.

- Komm in unsere Mitte und lass uns eine gute Gemeinschaft sein.

Komm, Herr Jesus, schenke uns Frieden.

- Hilf, dass wir aufeinander achten, uns anschauen und einen guten Blick füreinander haben.

Komm, Herr Jesus, schenke uns Frieden.

- Lass uns zusammenhalten wie ein Kranz, damit niemand allein ist.

Komm, Herr Jesus, schenke uns Frieden. ...

8. Dunkle Häuser

Wir sehen unser helles Haus, wir sehen den Adventskranz. Wir freuen uns, wenn es hell wird, wenn wir beieinander sind. Aber nicht überall ist es so. Es gibt auch dunkle Häuser.

◗ Die Gruppenleiterin legt rund um das helle Haus drei oder vier kleine dunkle Häuser.

Da sind dunkle Häuser. Warum sind sie dunkel? Gab es Streit, Krieg, Einsamkeit, Krankheit und Tod?

Wir beten für alle, die in einem dunklen Haus wohnen:

◗ Jeweils ein Opferlicht wird entzündet, einem Kind gegeben. Dieses stellt das Licht in ein dunkles Haus.

Wir beten für die Kranken, die Schmerzen haben.

- Komm, Herr Jesus, zu den Kranken und schenke ihnen Gesundheit.

Wir beten für die Menschen, deren Häuser zerstört wurden.

- Komm, Herr Jesus, schenke ihnen eine neue Heimat.

Wir beten für alle, die streiten und sich nicht verstehen.

- Komm, Herr Jesus, gib, dass sich die Menschen versöhnen.

Wir beten für alle, die im Herzen dunkel sind, weil sie keinen Menschen haben.

- Komm, Herr Jesus, gib ihnen gute Freunde.

9. Gestaltung

- Die Kinder erhalten ein Tuch, das schon quadratisch gefaltet ist, evtl. liegt das Tuch schon unter ihrem Stuhl. Damit formen sie vor sich ein Haus.
- Wir stellen Körbchen mit Gestaltungsmaterial bereit – für jedes Kind zwei mit verschiedenem Material.

Die Kinder können in ihr Haus einen kleinen Adventskranz gestalten.

10. Weiterführende Gestaltung

- In die Landschaft stellen wir ein selbstgebasteltes Haus oder bauen eines mit Bausteinen und stellen eine Kerze dazu.

LIED Wir sagen euch an, den lieben Advent, GL 223, 2. Str.

Material

Tücher: 1 gelbes, für jedes Kind 1 farbiges Tuch, 4–5 schwarze Tücher; Zimbel; klein geschnittene Tannenzweige in einem Korb; Kerze; Gestaltungsmaterial, selbst gebastelte Häuser

LIED Friede wohne in deinen Mauern

Text und Melodie:
Klaus Gräske

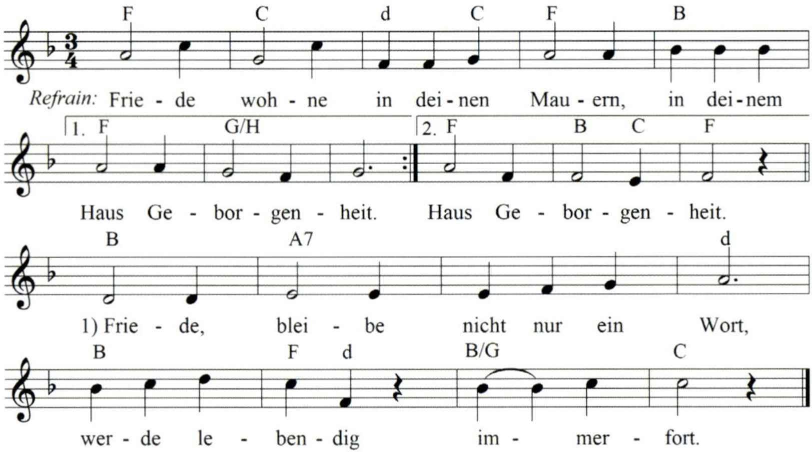

2) Friede, wohne in meinem Haus,
in meinem Herzen tagein, tagaus.

3) Friede, erfülle die Menschen ganz;
bring ihnen Freude, fröhlichen Tanz.

4) Friede, wende Hass und Streit,
durchzieh die Erde weit und breit.

5) Friede, wachse in aller Welt,
Friede erklinge im Himmelszelt.

6) Friede werde, Friede komm,
schenk allen Menschen Gottes

SCHALOM.

Eine Nikolausgeschichte

Bischof Nikolaus öffnet das Tor für die Gefangenen

Meinulf Blechschmidt

Jedes Jahr feiern wir das Fest des heiligen Nikolaus. Immer mehr wird der Heilige durch den sogenannten Weihnachtsmann ersetzt, der dutzendweise durch die Straßen der Stadt zieht und vor den Kaufhäusern steht.

Für unsere Kinder ist es wichtig, dass sie Brauchtum richtig kennenlernen. Bischof Nikolaus war ein ganz besonderer Mann, von dem es so viele Geschichten und Legenden gibt, sodass wir sie bis heute erzählen, um im Erzählen etwas von seiner Güte sichtbar zu machen, die auf einer tiefen Gottverbundenheit beruht. Dann hat das Schenken für die Kinder einen Sinn, es offenbart die „Herzlichkeit“, die uns aufgetragen ist.

Immer noch gibt es Erwachsene, die dem Kind mit dem Nikolaus drohen: Bald kommt der Nikolaus, er steckt dich in den Sack.

Ein solcher Nikolaus versperrt das Leben, er macht Angst.

In unserer Geschichte ist Bischof Nikolaus einer, der Unschuldige befreit, der selbst den Kaiser zur Umkehr bewegt.

Bischof Nikolaus befreit zum Leben, er öffnet Tore, er beschenkt die Armen und Notleidenden, er will uns anregen, dass auch wir gütig sind, teilen und die Not sehen.

Durchführung und vorbereitende Gestaltung

- Wir legen in die Mitte ein helles Haus.

Da ist ein Haus, das uns schützt, ein Haus, das wärmt.

Wir können das mit unseren Händen zeigen – *Gestik: das Dach.*

- Goldene Kugeln, Ringe und goldene Stäbchen werden bereitgestellt.

Nacheinander verzieren wir das Haus am Rand mit diesen Dingen.

- Dann wird eine goldene Krone ins Haus gelegt.

Was kann das für ein Haus sein? Wer wohnt darin? ... Es ist der Palast des Kaisers. Davon müssen wir träumen, wie groß und schön das Haus ist, der Palast, mit Toren und Türmen.

Der Palast des Kaisers steht in der großen Stadt Konstantinopel. Dort wohnt der Kaiser. Er heißt Konstantin. Die Stadt ist nach ihm benannt. Er hat sie schön gemacht. Sie ist eine prächtige, wunderschöne Stadt. Viele Menschen leben in ihr.

- Jedes Kind legt mit einem Tuch, das unter seinem Stuhl liegt, ein Haus vor sich hin. Das geschieht nacheinander.

Wir zeigen die Häuser der Stadt mit unseren Händen. Schaut, wie viele Häuser da stehen, offene, freundliche Häuser. – *Gestik*

- Unter das Haus des Kaisers legen wir ein braunes Tuch.
- Darüber legen wir mit schwarzen Stoffstreifen ein Gitter.

Was ist denn unter diesem Palast?
Ein vergitterter Raum, ein Gefängnis?

- Wir halten die Hände gekreuzt vor das Gesicht.

Wir schauen durch das Gitter in die Welt. Wir sehen draußen die Menschen, sie gehen in ihre Häuser, kommen heraus, gehen die Straße entlang, lachen und reden. Wir aber sind eingesperrt.

Draußen scheint die Sonne. In das Gefängnis kommt nicht ein Sonnenstrahl. Draußen lachen die Menschen. Im Gefängnis ist es still. Wir sind gefangen.

- Wir legen noch drei geknotete Seile ins Gefängnis.

Wir können unsere Hände einmal übereinander legen – wie gefesselte Hände.

ERZÄHLUNG

Es war vor langer Zeit, es war in der großen Stadt Konstantinopel. Diese Stadt hat ihren Namen vom Kaiser Konstantin, der mächtig war und weithin regierte. Er hatte ein großes Heer, viele Soldaten und Feldherren; er hatte Statthalter, die an seiner Stelle über Städte und Länder regierten und viel Macht hatten. Was sie sagten, das galt, und niemand konnte ihnen widersprechen.

Wenn die Menschen durch die Stadt gingen, staunten sie und sagten: Wie schön ist die Stadt unseres Kaisers Konstantin!

Doch ein Haus war dunkel, seine Fenster vergittert. Tief unten im Keller lagen drei Gefangene, auf feuchtem Stroh. Es waren drei Feldherren des Kaisers. Ein Statthalter hatte sie vor dem Kaiser angeklagt, obwohl sie unschuldig waren und nichts Böses getan hatten. Der Statthalter wollte mächtiger sein als sie und darum die drei beseitigen. Da saßen sie in der Tiefe, gefesselt.

Der eine fror in dem kalten Gefängnisloch.

Der andere klagte: „Mich hungert, ich sterbe vor Hunger. Bringt uns niemand etwas zu essen?“

„Wir werden sterben,“ sagte der Dritte. Er war schon schwach geworden. „Hier kommen wir nicht mehr heraus. Die Sonne werden wir nie wieder sehen!“

„Haben uns denn alle vergessen, all unsere Freunde?“

Da begann der Erste zu erzählen:
„Vielleicht ist alles nur wie ein Traum, ein böser Traum.
Und morgen werden wir erwachen
und sind in einer schönen Stadt, weit weg, in der Stadt Myrrha.
Könnt ihr euch erinnern? Myrrha, die Stadt am Meer.

- Ein blaues Gazétuch wird an das braune Gefängnis gelegt.

Wie warm die Sonne scheint!

- Ein gelbes Gazétuch wird angelegt und etwas rund geformt.

Mich friert nicht mehr.

Seht ihr die grünen Hügel und die großen Bäume, die Schatten spenden?

- Ein grünes Gazétuch wird ebenso hingelegt, gerafft, hügelig, dazu können ein oder zwei grüne Rhythmiktücher als Bäume aufgestellt werden.

Die Häuser in der Sonne. Erinnert ihr euch? So viele kleine Häuser, freundliche Menschen gehen ein und aus, und Kinder lachen auf der Straße.

Inmitten der Stadt wohnt Bischof Nikolaus. Ein guter Bischof, ein gerechter Mann. Viele sagen von ihm: Bischof Nikolaus ist ein heiliger Mann, ein gerechter Mann. Er kann helfen, er hat schon vielen geholfen."

Da richtete sich plötzlich der dritte Feldherr auf, neue Kraft kam in seine Arme, ein Licht in seine Augen: „Lasst uns zu Bischof Nikolaus beten. Er kann helfen. Er wird uns helfen."

Im dunklen Gefängnis, wo es sonst so totenstill war oder nur das Jammern und Klagen der Gefangenen hallte, hört man auf einmal Stimmen, erst zaghaft, dann immer mächtiger. Die drei Gefangenen beteten:

„Bischof Nikolaus, sieh unsere Not!
Wir sind unschuldig hier. Komm uns zu Hilfe! – Befreie uns! –
Löse unsere Ketten! – Hilf uns! – Bitte Gott, den Allmächtigen, für uns!"

Sie beteten lange und mit ganzem Herzen, bis zum Abend.

In der Nacht hörten sie plötzlich Geräusche, schwere Schritte, die näher kamen, Rasseln von Ketten und Türschlössern. Die Tür wurde geöffnet, das Licht von zwei Fackeln zuckte durch den Raum. Der Gefängniswächter und Knechte kamen herein. Sie sagten kein Wort. Die Gefangenen bekamen Todesangst. Schweigend lösten die Knechte den drei Gefangenen die Fesseln, winkten ihnen zu folgen und gingen mit der Fackel voran, durch viele Türen und lange Gänge, durch die Nacht, und schließlich in den Palast des Kaisers.

Da standen die drei gefangenen Feldherren vor dem Kaiser. Der saß da und fragte kurz: „Wie heißt der Bischof von Myrrha? Kennt ihr ihn?"

„Nikolaus, Bischof Nikolaus", riefen sie. Der Kaiser erschrak. Er schaute still und blass vor sich hin.

„Ich hatte einen Traum. Ich schlief, und da kam ein Mann auf mich zu. Er hatte eine Bischofsmütze auf, einen Hirtenstab in der Hand.

◗ Wir legen die Bischofsmütze, die Mitra, zur Krone.

Er stieß mich an und weckte mich. Er rief mir ins Ohr: Kaiser Konstantin, in deinem Gefängnis liegen drei unschuldige Feldherren. Lass sie frei, sonst wirst du zum Mörder! Wer bist du? fragte ich. Ich bin Bischof Nikolaus von Myrrha. Gott hat mich zu dir gesandt."

Der Kaiser schwieg. Nach einer Weile richtete er sich auf und sagte: „Ihr Feldherren seid unschuldig. Geht! Ihr seid frei! Fahrt nach Myrrha und sagt dem

Bischof Nikolaus, er soll für mich beten, damit ich ein gerechter Kaiser bin und vor Gott das Rechte tue!"

Die Feldherren verneigten sich tief vor dem Kaiser und wussten nicht, wie ihnen geschah. Als sie aus dem Palast traten, begann die Sonne aufzugehen.

Sie hörten die Vögel zwitschern. Die Luft roch nach Wasser vom Hafen. Sie streckten ihre Hände zum Himmel und lobten Gott: „Guter Gott, du hast den Bischof Nikolaus gesandt, uns zu befreien. Wir danken dir!"

- Über das Gefängnis wird ein helles Tuch gelegt, darauf ein Teller mit Lebkuchen für jedes Kind, dazu ein Korb mit kleinen Säckchen.
- Jedes Kind bekommt ein Säckchen in das Haus gestellt. Darin sind ein Lebkuchen, ein Apfel und ein paar Nüsse.
- Die Gruppenleiterin reicht einen Teller mit kleinen Lebkuchen herum. Jedes Kind nimmt einen Lebkuchen von dem Teller. Wir essen miteinander.

Material

Tücher: 1 großes gelbes (Haus), für jedes Kind ein farbiges Tuch, schon quadratisch gefaltet unter dem Stuhl (Häuser), 1 braunes (Gefängnis), 2 grüne (Bäume); mehrere schwarze Bänder, 3 geknotete Seile; Gazétücher: 1 bis 2 blaue, 1 gelbes (Sonne), 1 grünes; Krone, Mitra; großer Teller mit kleinen Lebkuchen; Säckchen für jedes Kind

LIED Nehmt das Brot und teilt

Text und Melodie:
Klaus Gräske

2) Nehmt den Wein und teilt, nehmt den Wein und teilt,
nehmt den Wein und teilt, dass ein jeder etwas hat,
dass ein jeder etwas hat.
||: Schenkt den Wein einander ein, lasst uns alle fröhlich sein,
schenkt den Wein einander ein, lasst uns zusammen fröhlich sein! :||

3) Nehmt das Brot, den Wein, Gott will bei uns sein.
Teilen wir das täglich Brot, dann hilft er aus der Not,
hilft uns aus der großen Not.
||: Teilen wir den guten Wein, zieht die Freude bei uns ein,
teilen wir den guten Wein, dann zieht die Freude bei uns ein. :||

Stroh für den Stall

„Es war kein Platz in der Herberge" – „Er, der reich war, wurde arm für euch"

Esther Kaufmann

Hinführung

Viele Menschen bauen unter dem Weihnachtsbaum eine Krippe auf. In den Kirchen werden schöne Krippen gestaltet. Der Stall gehört dazu, zum Stall hin bewegen sich alle Figuren, schauen dorthin. Über dem Stall schwebt der Engel, leuchtet der Stern. Was ist im Stall? Da liegt das Kind auf Stroh.

» Stroh als Zeichen der Armut

Wir feiern ein großes Fest, wir schmücken die Häuser mit Lichterglanz, bereiten ein gutes Essen, laden die Familie ein, machen einander viele Geschenke, kleiden uns neu und schön – und da ist der Stall, in dem das Kind auf Stroh liegt: arm und verlassen.

Diesen Gegensatz nehmen wir oft gar nicht wahr. Es gehört sich einfach so an Weihnachten. Weihnachten ohne Stall, ohne Krippe, ohne Armut, ohne am Rand der Welt?

Jesus, der Sohn Gottes, kommt auf diese Erde, er kommt zu uns, in sein Eigentum und niemand nimmt ihn auf. Man gab ihm keinen Platz unter den Menschen. Er wurde draußen geboren, vor der Stadt, wie ein Hirtenkind in einer Höhle oder einem Stall. Er wurde „in eine Krippe gelegt, in einen Futtertrog, weil in der Herberge kein Platz für sie war".

So kommt Gott zu uns.

Wir schauen dieses „Umfeld" an, das Stroh. Es ist der Rest der stolzen Ähre, die Frucht, die Körner sind herausgedroschen. Wozu soll es noch taugen? Zu nichts, nur noch für den Stall.

Wir wissen um das Korn, das Brot, das wir täglich brauchen. Uns sind die Ährenfelder vor Augen, das wogende Korn in der Sonne und das abgeerntete Feld. Wir wissen um die Arbeit der Landwirte und Bauern, wir sehen die Strohballen auf den Feldern, wenn die Ernte eingebracht ist.

Auch die Kinder können durch das bewusste Anschauen eines Bündels Stroh an vieles denken. Sie bringen Eindrücke (von anderswoher) zusammen, erinnern sich, gehen aufs Feld und sehen die gebrochenen Halme. Sie gewinnen einen nonverbalen Eindruck von Armut: die Frucht ist fort. Was bleibt?

Wenn wir miteinander einen Stall bauen, das Stroh darin sehen und den Weg mit Maria und Josef gehen, die keinen Platz fanden in der Herberge, dann erfahren die Kinder etwas von der Armut des Jesuskindes, aber auch von seiner Liebe, die sich so zeigt, dass Gott ein kleines Kind wird und zu uns kommt, auch dorthin, wo wir arm sind.

Durchführung und Gestaltung

1. Wir stehen auf der Erde

- Wir legen ein braunes rundes Tuch in die Mitte des Kreises.

Wir sehen das runde braune Tuch und können an die Erde denken.
Die Erde ist braun. Es wächst jetzt nichts mehr, die Felder sind abgeerntet, die Blumen in den Gärten sind verblüht.

Die Erde ist still.

- Wir stellen unsere Füße auf den Boden, die Erde trägt uns.
- Wir können aufstehen, die Füße spüren, den rechten Fuß, den linken Fuß. Wir können über den Füßen ein wenig schaukeln, uns bewegen. Dann spüren wir den rechten Fuß, dann den linken. Dann stehen wir still auf beiden Füßen.

Die Erde trägt uns. Jeden Tag gehen wir über die Erde.

2. Wir schauen das Stroh an

Wir setzen uns und schauen im Kreis, wer mit uns da ist auf dieser Erde.

- Wir schließen die Augen und wissen um die große weite Erde, auf der viele Menschen, viele Kinder wohnen.
- Wir legen auf das braune Tuch ein Bündel Stroh – eingewickelt in ein braunes Tuch.
- Jeweils ein Kind kann einmal die Hände darauf drücken.
- Nacheinander öffnen wir das mit einem braunen Tuch eingeschlagene Bündel Zipfel für Zipfel.

Wir sehen Stroh in unserer Mitte, Stroh auf der Erde.

- Ein Kind fasst hinein – wir hören das Geräusch.

Wir sehen das Stroh, wir hören das Geräusch – woran denken wir?

Wir können es aussprechen oder besser noch zuerst einmal mit den Händen zeigen (das Aussäen, das Wachsen, die Sonne, den Regen, ...).

3. Wir träumen vom Stroh

- Die Kinder schließen die Augen.

Die Gruppenleiterin führt die Kinder in einer Imagination auf ein Feld, wo ausgesät wird, das Korn wächst, die Ähren stehen, die sich im Wind wiegen, der Mähdrescher kommt, das Korn in den Wagen fällt. Übrig bleibt ein Stoppelfeld und die braune Erde.

- Wir öffnen die Augen.

Was machen wir mit dem Stroh? Das Stroh kommt in den Stall, es ist für die Tiere bereit.

- Über das Stroh werden zwei bis drei braune, etwas steifere Tücher gestellt, sodass ein kleines Dach oder eine Höhle entsteht.

Wir gehen zu dem Stall. Da ist ein Weg.

- Wir legen einen Weg zum Stall mit drei bis vier ockerfarbenen und braunen Gazétüchern.

Wir gehen in den Stall. Wir entdecken Ochs und Esel.

- Die Figuren Ochs und Esel und die Krippe werden ins Stroh gestellt.

4. Erzählung

Maria und Josef sind auf dem Weg nach Betlehem.

- Wir stellen die beiden Figuren, Maria und Josef, auf den Weg.

Sie finden keinen Platz in Betlehem. Alle Türen sind verschlossen.

Niemand will sie aufnehmen.

Da finden sie einen Stall, draußen vor der Stadt. Dort sind Ochs und Esel.

Jetzt haben Maria und Josef einen Ort, einen Platz. In diesem Stall kann das Jesuskind zur Welt kommen.

- Die beiden Figuren Maria und Josef werden zum Stroh zur Futterkrippe gestellt.

5. Wir beten:

- Wir entzünden eine Kerze und stellen sie dazu.

Guter Gott,
bald wird das Jesuskind geboren. Es hat kein Haus, es hat kein warmes Bett.
Da ist nur der Stall. In diesem Stall wird es geboren, ganz arm.
Wir beten für alle Kinder,

- die kein Haus haben, nur eine Hütte oder ein Zelt.
  Guter Gott, schütze sie, dass sie nicht erfrieren.

Wir beten für alle,

- die das Jesuskind vergessen und nur an die Geschenke denken.

Wir beten für alle,

- die zu Hause eine schöne Krippe aufbauen und sich freuen,
  dass Jesus zu uns kommt.

Wir beten für uns,

- dass wir unser Herz bereiten, damit Jesus bei uns wohnen kann.

LIED

Seht, die gute Zeit ist nah, Gott kommt auf die Erde,
kommt und ist für alle da, kommt, dass Friede werde.

Material

braune Runddecke; Stroh in ein braunes Tuch eingeschlagen; Tücher: 2 braune (Höhle, Stall), Gazétücher 3–4 braune/ocker; Figuren: Maria und Josef, Ochs und Esel, Futterkrippe; Kerze

Gedicht vom Eselchen

Es war einmal ein E-,
es war einmal ein -sel,
es war einmal ein Eselchen,
das ging nicht von der Stell.

Du willst nicht heim?
O Eselchen, ich sag dir was, gib acht:
Es kommt zu dir in deinen Stall
das Christkind heute Nacht!

Da blieb es nicht mehr, wo es stand,
da ging es von der Stell.
Da lief es heim, das Eselchen,
wie ein Wieselchen, so schnell.

Josef Guggenmos, Erben

LIED Kind auf leerem Stroh

Text und Melodie:
Klaus Gräske

Refrain: mit Flöte gespielt oder gesummt

2) Sie laben am Stroh sich, und sie sind froh, sie halten auch warm sich in leerem Stroh. Sie spüren die Sonne, die Erde so nah, sie halten´s in Ehren: Das Stroh ist da!

Refrain: mit Flöte gespielt und gesummt

3) Ins leere Stroh wird ein Kindlein gelegt, das Himmel und Erde, das alles bewegt, bringt alle zusammen in dem armen Stall, lässt uns bittend singen all überall:

Refrain: gesungen (V/A) + Flöte

Weihnachtsfeier am Heiligabend

Das Weihnachtsevangelium verkünden in der Familie oder im Kindergarten

Esther Kaufmann

Hinführung

Der Heiligabend ist eine besondere Zeit, eine besondere Nacht, eben die Heilige Nacht. Das spüren viele Menschen. Es bewegt sie etwas, vermutlich sehr Unterschiedliches. Aber es ist da. Darum bereiten sich auch viele Menschen für diesen Abend vor.

Die Geschenke wurden gebastelt oder eingekauft, sie wurden eingewickelt, liegen unter dem Christbaum, das Essen wird bereitet. Familien nehmen sich Zeit für das gemeinsame Essen, oft besuchen die Familien auch eine Krippenfeier oder eine Eucharistiefeier in der Kirche.

» Frohe Botschaft: Verwandlung durch das Kind im Stall

In dieser Feier wird die Weihnachtsgeschichte gespielt, manchmal ein Spiel aus alter Zeit, manchmal eine Neufassung der immer selben Botschaft in unsere Zeit. Maria und Josef suchen die Herberge, kein Platz, sie finden den Stall, das Jesuskind wird ins arme Stroh gelegt. Die Armut ist offensichtlich, doch der Himmel öffnet sich in großem Glanz. Ein Engel verkündet Gott die Ehre und den Menschen Frieden. Die Hirten finden das Jesuskind und es verwandelt manchen alten, ungläubigen und verhärteten Hirten. Immer ist es diese unglaubliche Spannung der Herrlichkeit Gottes in der armen Gestalt des Kindes.

Wie werden wir diese Botschaft in diesem Jahr verkünden und feiern? Es ist alles offen. Sicherlich nicht mit 200 oder 300 oder mehr Menschen in der Kirche, mit den Familien, mit Kleinen und Großen, Jungen und Alten. Ob diese Feier überhaupt stattfinden kann, ist noch unklar. Doch mit Ernst fragen wir: Was ist Weihnachten, ohne dass das Weihnachts-Evangelium verkündet wird?

Dann bleiben nur die Geschenke, das Essen, der Umtausch, die Erschöpfung durch die vielen Vorbereitungen und die Hektik, und zuletzt die Enttäuschung, Weihnachten, ein Kalenderblatt.

Dieses Szenario lässt uns wieder fragen: Warum beschenken wir einander? Warum rennen und laufen wir? Warum kommen die Familien zusammen?

Es ist die Botschaft, die alles, unser Leben und Denken auf den Kopf stellt. Gott schenkt uns Jesus. Gott wird Mensch. Der unfassbare Gott kommt zu uns. Er kommt klein und arm – fassbar – um uns Menschen mit seiner Gegenwart und Nähe, mit seiner Liebe zu beschenken. Wer ist denn der Mensch? Im Blick auf das „ausgelieferte, ins Stroh gelegte Kind“ entdecken wir unsere Auslieferung, unsere Armut, die oft verdeckt ist durch Leistung und Erfolg, aber zuletzt, auf dem letzten Weg unverstellt aufleuchtet. Gottes Gegenwart ist unser Friede. So groß ist der Mensch.

Das ist der Grund, warum wir Geschenke machen. Wir wollen dem anderen zeigen, wie kostbar er ist, wie wertvoll er in den Augen Gottes ist und darum auch in unseren Augen.

» Groß ist der Mensch – kostbar und wertvoll

In vielen Kindergärten und Schulen, die ja kurz vor Weihnachten schließen, wird die Weihnachtsgeschichte doch noch erzählt oder gestaltet.

Wir haben eine ganz einfache Feier geschrieben, die noch ausbaufähig ist, für Familien, für Kindergärten und Schulen.

Mit nur wenigen Materialien bauen wir die Krippe auf. Die Figuren kommen während der Erzählung auf den Weg und in den Stall. So entsteht auch ein „Weg der Erzählung“ für die Mitfeiernden.

Das Evangelium von der Geburt Jesu wird dazu mit einfachen Worten erzählt.

Diese Erzählung kann auch von verschiedenen Personen (Vater, Mutter, Lehrerin, Erzieherin, Schulkind) gesprochen werden. Evtl. können noch Klanginstrumente dazu genommen werden.

Die Krippe unter dem Weihnachtsbaum macht das Evangelium sichtbar, wenn wir es verkünden. Die Frohe Botschaft bleibt im Blick, sie bleibt in unserer Mitte, in unserem Haus und in unserem Herzen.

Die Feier

1. Wir versammeln uns

- Wir versammeln uns im Kreis oder in der Familie vor dem Christbaum.
- Der Stall steht bereit und darin liegt Stroh, darauf eine kleine Futterkrippe, Ochs und Esel.
- Davor ist eine Landschaft mit Moos oder grünen und braunen Tüchern, Zapfen, Baumrinde, kleinen Wurzeln ausgebreitet.
- Ein Weg mit kleinen Steinen führt durch diese Felder zum Stall.

2. Erzählung

Draußen vor der Stadt Betlehem sind die Hirten auf freiem Feld. Es ist Nacht. Die Hirten halten Nachtwache bei den Schafen.

- Hirten werden auf die grünen Tücher gestellt.

Sie zünden ein Feuer an.

- Feuer mit einem roten Stoffstreifen hinlegen

Am Feuer können sie sich wärmen und versammeln.

◗ Flötenspiel – ein Kind kann eine Melodie auf der Flöte spielen.

Die Schafe sind auf der Weide. Am Abend kommen sie dicht zusammen.

◗ Schafe werden dazugestellt.

Hirtenflötenweise

Text und Melodie:
Franz Mitterreiter

Maria und Josef sind auf dem Weg nach Bethlehem.

◗ Die Figuren werden auf den Weg gestellt.

Der Kaiser Augustus hatte den Befehl gegeben: Alle in meinem Reich müssen in ihre Heimatstadt gehen und sich dort aufschreiben lassen. Der Kaiser Augustus ist ein mächtiger Kaiser. Er will die Menschen in seinem Reich zählen. Und dann sollen sie auch Geld bezahlen, Steuern an den Kaiser.

Darum geht jetzt Josef mit Maria von Nazareth nach Betlehem, denn er ist aus der Stadt Betlehem, aus der Stadt Davids.
Maria trägt das Jesuskind in ihrem Leib. Bald soll es geboren werden.

In Betlehem suchen sie eine Herberge, doch alle Türen sind verschlossen. Niemand öffnet, überall werden sie abgewiesen.

Wir legen einen schweren Stein auf den Weg.

LIED Wer klopfet an? oder Lied aus RPP 2012/3, S. 41, nur gesprochen:

Zwei Menschen klopfen an die Tür.
Der Weg ist weit,
der Weg ist schwer.
Wer macht uns auf?
Wer gibt uns Platz?
Wer will uns helfen, wer?

Wer kommt so spät noch in der Nacht?
Die Tore sind schon zu.
In unserem Haus gibt's keinen Platz.
Wir wollen unsre Ruh!

Maria und Josef gehen hinaus in einen Stall.

- Figuren werden in den Stall zur Futterkrippe gestellt.

In dieser Nacht leuchtet ein großer Stern auf.

- Ein Stern wird an einen Zweig über der Krippe gehängt, evtl. auch an den Christbaum.

In dieser Heiligen Nacht – wird das Jesuskind geboren. Maria wickelt es in Windeln und legt es in die Futterkrippe, weil in der Herberge kein Platz für sie war.

- Das Jesuskind wird in die Krippe gelegt.

Ein großes Licht strahlt auf.

- Eine Kerze wird angezündet, der Weihnachtsbaum beleuchtet.

Die Hirten auf dem Feld sehen ein großes Licht, der Himmel ist offen.
Das Licht umstrahlt sie. So viel Licht in der Nacht.
Sie fürchten sich. Was soll das bedeuten?

Sie hören einen Engel verkünden: (nach Lk 2,10 – 14)
„Fürchtet euch nicht! Ich verkünde euch eine große Freude.
Heute ist euch der Heiland geboren,
Christus, der Herr.

Und das soll euch ein Zeichen sein: Ihr werdet ein Kind finden, das in Windeln gewickelt ist und in einer Krippe liegt."

Und plötzlich sind viele Engel da und singen: „Ehre sei Gott in der Höhe und Friede den Menschen auf Erden!"

Die Hirten laufen und eilen nach Betlehem zum Stall.

Sie finden Maria und Josef und das Kind, das in einer Krippe liegt.

- Die Hirten werden zur Krippe gestellt.
- Flöte – Hirtenmusik – siehe S. 56
- Das Jesuskind wird aus der Krippe geholt.

Wir halten das Jesuskind in Händen. Ich schaue es an. Ich kann ihm etwas sagen, ihm danken, es bitten.

Jesuskind, du bist der Heiland.
Jesuskind, du bist unser Retter.
Jesuskind, ich hab dich gern.
Jesuskind, du bringst uns das Licht.
Jesuskind, wir beten dich an.

LIED Ihr Kinderlein kommet (GL 248)

Es ist ein Wunder

Das Kind

Es ist ein Wunder,
sagt das Herz.

Es ist ein große Verantwortung,
sagt der Verstand.

Es ist viel Sorge,
sagt die Angst.

Es ist eine enorme Herausforderung,
sagt die Erfahrung.

Es ist ein Geschenk Gottes,
sagt der Glaube.

Es ist das größte Glück,
sagt die Liebe.

Es ist unser Kind,
sagen wir,
einzigartig und kostbar.

Quelle unbekannt

Kurse und Fortbildungen

Auf dem Weg der „Religionspädagogischen Praxis – RPP“

bitte schriftlich Anmeldungen an:	mit Name, Adresse, Telefon, E-Mail-Adresse, Beruf, Alter Kloster Spabrücken, Klosterstr. 7, 55595 Spabrücken oder per Fax: 06706/960099 oder E-Mail: esther@kloster-spabruecken.de
Leitung:	Sr. Esther Kaufmann, P. Dr. Meinulf Blechschmidt
weitere Infos:	www.kloster-spabruecken.de Ort der Kurse: Kloster Spabrücken, 55595 Spabrücken Tel. 06706/960104 Bei allen Angeboten begrenzte Teilnehmerzahl!

TAGESKURSE NACH ABSPRACHE für Gruppen & Teams der Pfarreien und Kitas

Seminartage

Thema: **„Heute muss ich in deinem Haus bleiben“ (2101) Neue Wege für eine verantwortliche Eucharistiekatechese mit den Familien**
Termin: Di. 12. Januar 2021, 10.00 Uhr bis 16.30 Uhr
Kosten: 40,00 Euro (mit Mittag und Kaffee)

Thema: **Der Weg durch die Fastenzeit (2015)**
Termin: Mi. 3. März 2021, 10.00 Uhr bis 16.30 Uhr
Kosten: 40,00 Euro (mit Mittag und Kaffee)

Thema: **Tod und Auferstehung Jesu feiern (2106)**
Termin: Do. 11. März 2021, 10.00 Uhr bis 16.30 Uhr
Kosten: 40,00 Euro (mit Mittag und Kaffee)

VORSCHAU

Besinnungstage vor Ostern

Thema: **Neu anfangen (2102)**
Termin: Do. 25. Februar 2021, 10.00 Uhr bis 16.30 Uhr
Kosten: 40,00 Euro (mit Mittag und Kaffee)

Thema: **Mit Vertrauen gehen (2103)**
Termin: Fr. 5. März 2021, 10.00 Uhr bis 16.30 Uhr
Kosten: 40,00 Euro (mit Mittag und Kaffee)

Thema: **Jahrestreffen der Multiplikatoren (2107)**
Termin: Di. 27. April 2021, 15.00 Uhr bis Fr. 30. April 2021, Mittag
Kosten: 350,00 Euro (total)

Thema: **Jahrestreffen der Multiplikatoren (2108)**
Termin: Di. 21. September 2021, 15.00 Uhr bis Fr. 24. September 2021, Mittag
Kosten: 350,00 Euro (total)

Fortbildungen mit Klaus Gräske

Anmeldung an:	Klaus Gräske, Grünwalder Str. 103, 81547 München, Tel. 089/646697
bitte schriftlich:	an E-Mail: klaus.graeske@gmx.de
	mit Name, Adresse, Telefonnr., E-Mail-Adresse, Beruf, Alter
Angebote für:	FASP, BFS, Kitas, Pfarrgemeinden, Schulen, Elterngruppen, u. a.;
Themen:	verschiedene Inhalte nach Rücksprache

MitarbeiterInnen dieser Ausgabe:

Sr. Esther Kaufmann, Schwestern vom Gemeinsamen Leben, Spabrücken

P. Dr. Meinulf Blechschmidt, Brüder vom Gemeinsamen Leben, Spabrücken

Titelbild: Christel Holl, Rastatt, S. 10–13 (Mappenbilder 4/2020), S. 62

Fotos: Meinulf Blechschmidt

Lieder: Die Quellenangaben stehen direkt bei den Liedern, S. 15, S. 20, S. 33, S. 40, S. 46, S. 52 Klaus Gräske, S. 30 Franz Kett, S. 56 Franz Mitterreiter.

Bibelstellen: S. 28 Jes 63,19b; 64,2-8; S. 29 Mk 13,33-37

Notensatz: Johannes Kindl, Landshut, RPA-Verlag

Schriftsatz: iD Atelier GmbH, www.idatelier.de

Aus Gründen der leichteren Lesbarkeit wird in vorliegendem Heft die weibliche Sprachform bei personenbezogenen Substantiven und Pronomen verwendet. Dies impliziert jedoch keine Benachteiligung des männlichen Geschlechts, sondern soll im Sinne der sprachlichen Vereinfachung als geschlechtsneutral zu verstehen sein.